UNE

Question de Droit

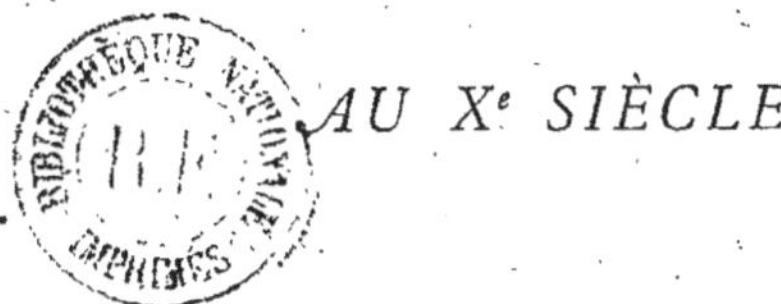

AU Xe SIÈCLE

Par

ÉMILE CHÉNON

Professeur a la Faculté de Droit de Paris
Ancien Élève de l'École polytechnique

(Extrait de la *Revue Canonique*, Novembre 1899)

PARIS

LAMULLE ET POISSON, ÉDITEURS

LIBRAIRES DE LA SOCIÉTÉ BIBLIOGRAPHIQUE
14, Rue de Beaune

1899

UNE

Question de Droit

AU Xe SIÈCLE

Par

ÉMILE CHÉNON

Professeur a la Faculté de Droit de Paris
Ancien Élève de l'École polytechnique

(Extrait de la *Revue Canonique*, Novembre 1899)

PARIS

LAMULLE ET POISSON, ÉDITEURS

LIBRAIRES DE LA SOCIÉTÉ BIBLIOGRAPHIQUE

14, Rue de Beaune

—

1899

UNE QUESTION DE DROIT

AU Xᵉ SIÈCLE

Le xᵉ siècle est une des périodes les plus obscures de l'histoire des institutions juridiques. Cela tient à deux causes principales : d'abord à ce fait que le xᵉ siècle est une période de *transition*, transition entre le droit carolingien qui se déforme et le droit coutumier qui se forme ; ensuite au manque de documents, et surtout de documents *précis*. Aussi est-il intéressant de signaler et d'étudier tous ceux que les érudits exhument des archives et qui peuvent jeter quelque lumière sur l'état du droit à cette époque troublée où l'empire de Charlemagne achève de se dissoudre et le régime féodal de s'organiser. Ce sont des documents de ce genre que nous avons rencontrés récemment dans la *Revue archéologique du Berry*, dirigée par l'archiviste départemental de l'Indre, M. Eugène Hubert. Dans le volume de 1899, M. Hubert a entrepris de donner un recueil historique des chartes intéressant l'Indre, du vɪᵉ au xɪᵉ siècle. Parmi ces chartes, il s'en trouve un certain nombre qui concernent un différend survenu entre l'archevêque de Bourges et les abbés de Déols au sujet du monastère de *Vouillon*[1]. Elles donnent quelques éclaircissements, d'une part sur l'usage que l'Église faisait du droit romain au xᵉ siècle, d'autre part sur le sens originaire de la fameuse règle : « Donner et retenir ne vaut ». Elles nous ont paru à ce double titre mériter quelques mots d'analyse[2].

---

1. *Vouillon*, commune du canton et arrondissement d'Issoudun, département de l'Indre.

2. *Bulle du pape Léon VII* (936-939), de janvier 938, à Odon de Cluny, abbé de Déols (926-942) ; — *Bulle du pape Etienne VIII* (939-943), à Géronce, archevêque de Bourges (910-948) ; — *Diplôme de Louis d'Outremer* (936-954), antérieur à 942, à l'abbé Odon ; — *Bulle de Jean XIII* (965-972), de janvier 968, à Ramnulph, abbé de Déols (968-970) ; — *Bulle de Léon IX* (1048-1054), à Emenon, abbé de Déols (mort en 1018) ; cette dernière pièce est considérée par M. Hubert comme apocryphe ; — *Bulles de Grégoire VII*, du 9 mars 1081 ; — et *d'Urbain II*, du 14 déc. 1088 et du 15 avril 1099. — Cfr. Hubert, *loc. cit.*, p. 123-125, 128-130, 131-132, 133-134, 159-162, 208, 218, 258.

§ I. La donation de Gérard.

Voici d'abord les faits. — En 917, l'un des plus puissants
seigneurs du Bas-Berry, Ebbes de Déols, dit le Noble, avait
fondé au centre même de ses immenses domaines, à Déols,
un monastère d'hommes, destiné à devenir bientôt le centre
monastique le plus important de la région. Il l'avait placé
sous l'autorité immédiate du Saint-Siège, l'avait déclaré
exempt « de toute autre puissance terrestre », et avait mis à
sa tête Bernon, le premier abbé de Cluny. La charte de fondation, dressée à Bourges, porte les signatures d'Ebbes le
Noble, de sa femme Hildegarde, de son oncle Géronce de
Déols, archevêque de Bourges, et de son *senior* Guillaume
le Pieux, comte d'Aquitaine, fondateur de Cluny[1]. Dix ans
plus tard, en 927, le roi Raoul confirma la fondation[2].

Comme il arrivait souvent à cette époque, les seigneurs
du voisinage, suivant l'exemple donné par Ebbes de Déols,
firent de nombreuses donations au nouveau monastère, et
c'est précisément l'histoire de l'une d'elles que nous avons
à retracer. — Un « certain homme noble », nommé *Gérard*,
dont le domicile n'est malheureusement pas indiqué, possé-
dait à *Vouillon*, sur la voie romaine d'Argenton à Bourges,
à mi-chemin entre ces deux localités, une *cella* ou *villa* avec
ses dépendances. Il en avait déjà fait don à l'Église cathé-
drale de Bourges [3] *per testamentum*, c'est-à-dire par acte
écrit[4] ; mais il n'en avait pas fait tradition à l'archevêque
Géronce, ni tradition *réelle* en le mettant en possession, ni
tradition *feinte* en lui payant un cens. Il se crut dès lors auto-

1. Voir le texte, souvent reproduit, dans le *Recueil des histor. des Gaules*,
t. IX, p. 713-715 ; — et dans Hubert, *loc. cit.*, p. 106-110.

2. *Recueil des histor. des Gaules*, *ibid.*, p. 570 ; — Hubert, *loc. cit.*,
p. 115-116.

3. « *Tuæ sedi* », dit le pape Etienne VIII en s'adressant à l'archevêque
Géronce. Les autres bulles disent simplement : « *alteri ecclesiæ* ».

4. Il n'est pas douteux que les mots *per testamentum*, employés par les
bulles de Léon VII et d'Etienne VIII et par le diplôme de Louis d'Outremer,
signifient ici « par acte écrit », et non « par testament ». Le mot *testamentum*
est employé dans la charte de 917 pour désigner l'écrit même constatant la
fondation du monastère de Déols, c'est-à-dire une donation *entre vifs*, et on le
retrouve dans la bulle de Jean XIII de 968 pour désigner un acte de *vente*.
En d'autres termes, *testamentum* est ici synonyme d'*instrumentum*.

risé à en disposer de nouveau au profit du monastère de Déols ; et cette fois, il accomplit la tradition et mit les moines en possession, en présence d'un certain nombre de seigneurs[1].

L'archevêque de Bourges prit mal la chose, et réclama la *cella* de Vouillon comme appartenant à son église, en vertu de la donation faite par Gérard. Il soulevait ainsi une question de droit : celle de savoir si, pour transférer au donataire un droit quelconque sur les choses données, il était nécessaire d'en faire tradition. D'après le droit romain antérieur à Justinien, l'affirmative est certaine : la tradition est indispensable pour parfaire la donation ; en d'autres termes, la promesse de donner est nulle. Peut-être Antonin-le-Pieux l'a-t-il validée entre ascendants et descendants[2]; mais entre étrangers, la tradition est encore exigée par le Code Théodosien[3]. Il résultait de là qu'un même objet donné successivement à deux personnes différentes appartenait à celle qui avait été mise en possession, et, si toutes les deux avaient reçu tradition, à celle qui l'avait reçue la première : Paul et une constitution de Dioclétien de l'an 291 le déclarent formellement[4]. C'est seulement Justinien qui, par une constitution spéciale, transforma la promesse de donner en pacte légitime et accorda au donataire une action personnelle pour se

---

1. *Bulle de Léon VII*, de 938 : « *Vodillonem* quoque cellam cum suis appendiciis à *Gerardo* nobili viro collatam eidem predicto loco similiter confirmamus, quia, licet predictus vir Gerardus prius exinde testamentum ad aliam ecclesiam fecerit, non tamen ad possidendum hanc tradidit, sicut iis posterioribus fecit » ; — *Bulle d'Etienne VIII* : « Discussa autem contentionis causa, didicimus quod vir quondam prædictum prædium tuæ sedi per testamentum dedit, non tamen ad possidendum tradidit, monachis verò ipsum prædium postea et dedit et ad possidendum tradidit et eis coram principibus autorizavit » ; — *Diplôme de Louis d'Outremer* : « Et quia *Gerardus* qui præfatam villam alteri ecclesiæ donaverat, neque censum, neque vestituram reddidit, monachis quibus villam donaverat et tradidit, lex romana favere dignoscitur » ; — *Bulle de Jean XIII*, de 968 : « *Vodillonem* quoque villam cum suis appendiciis, à *Gerardo* nobili viro collatam, etc... »

2. Sur ce point controversé, cfr. GIRARD, *Manuel élémentaire de droit romain*, Paris, Rousseau, 1896, in-8°, p. 590, note 3.

3. *Code Théod.*, VIII, 12, loi 1, § 2, et lois 4, 5 et 7. — Cfr. *Fragm. Vaticana*, § 266ᵃ, 267.

4. PAUL, *Sentences*, V, 11, § 4 : « Cum unius rei in duos donatio confertur, potior est ille, cui res tradita est : nec interest posterior quis an prior acceperit, et exceptæ necne personæ sint » ; — *Fragm. Vaticana*, § 315 : « Cum ex causa donationis uterque dominium rei tributoriæ vindicetis, eum, cui *priori* possessio vel *soli* tradita est, haberi potiorem convenit. » — Cfr. *Code Just.*, III, 32, loi 15.

*

faire mettre en possession des biens donnés[1]. — Mais au
xe siècle, dans la France carolingienne, les textes de Justinien étaient encore ignorés. Le code qui faisait autorité,
surtout en Aquitaine, au point d'être souvent qualifié de *Lex
romana* tout court, était le *Bréviaire d'Alaric* (*lex romana
Wisigothorum*), lequel, promulgué en 506, avait naturelle-
ment suivi la doctrine de Paul et du Code Théodosien[2].
L'*interpretatio* qui suit la sentence empruntée à Paul a même
à cet égard une particulière netteté[3]. C'est cette *interpretatio*
qu'on trouve reproduite terme pour terme dans la plupart
des abrégés qui ont été faits du *Bréviaire d'Alaric* au
viiie siècle et dans le recueil des pseudo-capitulaires de
Benedictus Levita, composé au ixe[4]. Sur le point qui nous
occupe, la tradition romaine était donc bien assise. Or le droit
romain étant alors applicable à l'Église, en vertu du principe
Ecclesia sub lege romana vivit, le noble Gérard, qui selon
toute vraisemblance ne s'était pas préoccupé de tant de
choses, agissait en somme conformément au droit de son
pays et de son époque.

§ II. La décision de Léon VII.

Malgré cela, l'abbé Odon prit peur et en référa au pape.
Léon VII, après avoir pris connaissance des faits, sans
s'attarder à des considérations d'équité, aborde nettement

---

1. *Code Just.*, VIII, 54, loi 35, § 5 ; — et *Instit. Just.*, II, 7, § 2 : « Perfi-
ciuntur autem (donationes), cum donator suam voluntatem scriptis aut sine scriptis
manifestaverit ; et ad exemplum venditionis nostra constitutio eas etiam in se habere
necessitatem traditionis voluit, ut, etsi non tradantur, habeant plenissimum et per-
féctum robur, et traditionis necessitas incumbat donatori. »

2. Cfr *Lex romana Wisigothorum*, édit. Hœnel, 1849, in-f°, p. 156 et 426.

3. *Ibid.*, p. 428 : « *Interpretatio*. Si aliquis unam rem duobus per legitimas
scripturas donaverit, uni prius et alteri posteà, non quærendum est in his dona-
tionibus, qui primus, qui posterior sit : sed qui rem tradente donatore posse-
derit, is eam, cui est tradita, possidebit. Nec interest, utrum in parentes an in
extraneos talis sit facta donatio. » — Sur l'*interpretatio* du *Bréviaire d'Alaric*,
cfr. ADOLPHE TARDIF, *Hist. des sources du droit français* (*origines romaines*),
Paris, Picard, 1890, in-8°, p. 85-88, 134-135.

4. Cfr. dans la *Lex rom. Wisigothorum*, *loc. cit.*, p. 428 et 429, les passages
correspondants des *Epitome Ægidii*, *Epit. suppl. lat.* 215 (*Scintilla*), *Epit.
Monachi*, reproduits par Hœnel ; — et dans WALTER, *Corpus juris germ.*,
Leipsig, 1829, in-8°, t. II, p. 751, le pseudo-capitulaire de *Benedictus Levita*,
III, 362.

la question juridique et va en chercher la solution dans la *lex romana*. Or que dit cette loi ? Elle dit « que quand une même chose a été donnée par écrit à deux donataires successifs, on ne doit pas rechercher quel est celui qui a été gratifié le premier, ni si l'un d'eux est parent du donateur, mais que celui-là seul peut revendiquer la chose à qui la tradition en a été faite[1] ». En d'autres termes, Léon VII tranche la question conformément au Bréviaire d'Alaric et à son *Interpretatio*[2], et non conformément au Code de Justinien. Aussi confirme-t-il par son autorité apostolique la donation faite *légalement* par Gérard aux religieux de Déols, menaçant d'anathème ceux qui voudraient leur porter préjudice[3].

En dépit de ces menaces, et malgré sa prudence, que l'abbé Odon lui-même se plaisait à reconnaître[4], l'archevêque Géronce ne se tint pas pour convaincu. Il persista dans sa revendication et alla jusqu'à excommunier ses adversaires[5]. Pour parer le coup, l'abbé Odon s'adressa à la fois au pape Étienne VIII[6] et au roi Louis d'Outremer[7]. L'un et l'autre répondirent, le premier par une lettre adressée directement à l'archevêque de Bourges, le second par un diplôme confirmant les possessions de l'abbaye de Déols. Tous les deux, comme Léon VII, invoquent le droit romain et résolvent la question conformément à ses prescriptions.

Le pape toutefois ne s'attache à la *lex romana* que d'une façon subsidiaire, à son corps défendant, et semble préférer

---

1. *Bulle de Léon VII*, de 938 : « Lex enim romana jubet ut si quis de unâ re duobus fecerit testamentum, uni priùs, alteri posteà, non queratur cui priùs aut posteriùs fecerit, etiam si aliquis propinquus sit, sed ille rem vindicet cui per factum testamentum rem ipsam ad possidendum tradidit ».

2. Il n'y a qu'à rapprocher le texte de la bulle du texte de l'*Interpretatio* pour en constater l'évidente parenté. Là nous paraît être la *lex romana* visée par le pape.

3. *Ibid.* : « Hoc ergo nos intuentes easdem res quæ *legaliter* concedantur eidem cœnobio per nostram apostolicam auctoritatem confirmamus », etc.

4. *Bulle d'Etienne VIII* : « Prudentia tua, venerabilis frater, quam tibi per filium nostrum abbatem Odonem inesse didicimus... ».

5. *Ibid.* : « Et nunc nescio pro quodam prædio contendis cum illis, et quod legaliter finiri poterat, per vim excommunicationis extorques ».

6. Cfr. le début de la bulle d'Etienne VIII.

7. *Diplôme de Louis d'Outremer* : «... Idcirco notum esse volumus quod nostram præsentiam Odo abbas adierit, et ut monasterium Dolense cum suis appendiciis nostrâ auctoritate firmaremus, humiliter postulavit. »

les raisons de sentiment. Il rappelle en effet à Géronce que les évêques sont institués par Dieu pour donner aux fidèles l'exemple de la patience et des autres vertus, et que la religion, dont les laïques méprisent parfois l'autorité, doit conserver tous ses droits auprès des ecclésiastiques. Aussi s'étonne-t-il qu'un conflit ait pu s'élever entre l'archevêque et des religieux qu'il devrait regarder comme ses enfants et traiter en père, et qu'il ait cherché à leur arracher par la force de l'excommunication ce qui pouvait se résoudre par le moyen des lois. « Si cela ne te suffit pas, ajoute le pape, aie recours, *bien que ce moyen ne convienne guère entre ecclésiastiques*, à l'autorité de la loi romaine, et observe ce qu'elle édicte au sujet de deux donataires gratifiés d'une même chose[1]. » En terminant, le pape prie l'archevêque, au nom de la mansuétude et de l'obéissance, de lever l'excommunication qu'il a infligée aux moines, déclarant au surplus confirmer la décision de son prédécesseur Léon VII, et absoudre entièrement les religieux de Déols, si l'archevêque persistait à procéder par la voie de l'anathème et non par la voie légale[2]. — Louis d'Outremer, de son côté, confirme la donation de la *villa* de Vouillon à l'abbaye, parce que la « loi romaine », qu'il cite à peu près dans les mêmes termes que Léon VII, l'ordonne ainsi[3].

§ III. Conclusion.

Cette double intervention semble avoir mis fin à la contestation. L'archevêque Géronce, ayant contre lui le droit

---

1. *Ibid.* : « Sane si hoc tibi satis non est, recurre, quamvis inter spirituales non deceret, ad autoritatem *romanæ legis*, et quid ipsa de duobus quibus una res traditur recepisse visa fuerit, id observare. »

2. *Ibid.* : « Alioquin quæso te frater ut eidem loco vel fratribus nobis commissis nullatenus sub excommunicatione prejudicium facias ; confidens autem de tuâ bonitate et obedientia, humiliter moneo et rogo... Si, quod absit, non per legale judicium, sed per vim excommunicationis monachos includere volueris, eos omnimodis absolutos esse decernimus. »

3. *Diplôme de Louis d'Outremer* : « Vodillonem quoque prædicto cœnobio præter hanc auctoritatem, quam firmamus, quia *lex romana* jubet, ut si res una duobus per testamentum data fuerit, uni videlicet prius et alteri posteà, ille eam vindicet, sive extraneus, sive propinquus, qui rem donatam possedisse probatur......Sancimus ergò, quatenus juxta donationem atque traditionem præfati Geraldi easdem res monachi sibi vindicent. »

positif et ne pouvant plus se servir de l'excommunication, était bien forcé de laisser les religieux de Déols en possession de la *cella* de Vouillon, et il est possible qu'avant sa mort (942) l'abbé Odon ait vu le désistement de l'archevêque. En tout cas, Vouillon resta désormais la propriété du monastère de Déols. En 966, le pape Jean XIII lui en confirme à nouveau la possession, mais d'une façon sommaire, sans rappeler le différend survenu trente ans auparavant [1]. Aussi a-t-on peine à s'expliquer que sous le pontificat de Léon IX (1048-1054), les moines de Déols aient cru nécessaire de fabriquer une fausse bulle, rappelant et confirmant les privilèges accordés par ses prédécesseurs, et mentionnant à deux reprises le « monastère de Vouillon », la « *cella* de Vouillon avec ses dépendances [2] ». On s'explique encore moins qu'à la fin du xiᵉ siècle, les papes Grégoire VII et Urbain II aient cru utile de défendre à tous les évêques « d'excommunier la *cella* de Vouillon et d'y interdire l'office divin », et de leur enjoindre de soumettre au Saint-Siège « les justes plaintes » qu'ils auraient à formuler à son sujet, lesquelles plaintes ne se produisaient plus depuis un siècle et demi [3]. Il y a là évidemment une de ces clauses qui se transmettaient de bulle en bulle par la force de l'habitude, alors que et peut-être parce que la raison d'être n'en était plus connue. — En tout cas, la fausse bulle de Léon IX nous apprend que la *cella* de Vouillon était alors devenue un monastère placé sous le vocable de saint Just. Un siècle plus tard, à ce monastère était rattachée l'église paroissiale de Bomiers [4]. Il devint plus tard un prieuré-cure dépendant de l'abbaye de Déols et sécularisé avec elle au xviiᵉ siècle.

1. *Bulle de Jean XIII*, de 968 : « Vodillonem quoque villam cum suis appendiciis, à Gerardo nobili viro collatam, eidem loco similiter attribuo vel confirmo. »

2. *Fausse bulle de Léon IX* : « ...decernimus ut cuncta loca urbana vel rustica, scilicet monasterium *Vodolionis* quod est in honore sancti Justi martyris... In tantum etiam ut nec præsuli Bituricensi, in cujus parochia positum esse videtur illud monasterium [Dolense] jamdictum, cum adjacenti cella *Vodolioni* nomine et omnia alia monasteria vel ecclesias aliqua ratione excommunicare liceat. »

3. Cfr. les bulles de Grégoire VII (mars 1081) et Urbain II (déc. 1088 et avril 1099) dans Hubert, *loc. cit.*, p. 208, 218, 258 ; le passage concernant Vouillon est rédigé partout dans les mêmes termes.

4. *Bulle du pape Luce II*, de 1144 (Arch. Nat., L, 227, n° 4) : « In episcopatu videlicet Bituricensi, monasterium *Vodolionis* cum ecclesiâ parrochiali de *Bormet*. »

L'argumentation juridique du pape Léon VII avait donc triomphé ; et dans l'histoire de la donation de Gérard nous trouvons un exemple concret de ce double fait, savoir :

1° Qu'au milieu du xe siècle, l'Église invoquait encore le droit romain (au moins subsidiairement) pour trancher des questions d'ordre temporel, et que le droit romain invoqué était celui du Code Théodosien ou plutôt du Bréviaire d'Alaric, au moins quand il s'agissait du royaume frank[1];

2° Qu'il était indispensable pour valider une donation entre vifs, même constatée par écrit, de faire tradition des choses données. La nécessité de la tradition pour la validité de la donation, tel a été le sens originaire de la fameuse règle : « Donner et retenir ne vaut » ; et ce sens s'est perpétué, pendant toute la période féodale, dans les recueils canoniques[2] et dans un certain nombre de coutumes[3]. Ce n'est que plus tard, et par une sorte de déviation, que la règle en est arrivée à signifier que les donations entre vifs étaient irrévocables, ce qui entraînait la nullité de toutes celles où une clause révocatoire aurait été introduite[4]. Ce double sens apparaît nettement dans les articles 274 de

1. Nous trouvons de ce même fait une autre preuve dans une charte de l'an 1100 environ [51ᵉ (lisez : 41ᵉ) année du règne du roi Philippe], rédigée à Bourges, au monastère de Saint-Sulpice, et publiée également par M. Hubert, *ibid.*, p. 263-265. Il est dit au début : « à Sanctis Patribus qui leges et sancita ecclesiastica statuerunt didicimus et maxime *à Teodoxio principe*, qui preclarissimo stilo denotavit, qualiter donationes bonorum vivorum ascriberentur in archivis codicibus et in ecclesiasticis istoriis. » Il est plus que vraisemblable que les mots *à Teodoxio principe* désignent encore ici le *Bréviaire d'Alaric* (appelé souvent au moyen âge *Lex Theodosii*) et non le Code Théodosien original.

2. Hoenel, *loc. cit.*, p. 428, mentionne comme reproduisant l'*interpretatio* du *Brév. d'Alaric* : une *Coll. canon. anonyme* du xie s. ; — Yves de Chartres, *Decretum*, XVI, 195; *Panormia*, V, f. 111; *Epist.*, 212 ; — la *Coll. canon.* du *Cod. reg. Paris*, 4482.

3. Cfr. les textes coutumiers cités par Esmein, *Études sur les contrats dans le très ancien droit français*, Paris, 1883, in-8⁹, p. 31-33 ; et par Champeaux, *Essai sur la vestitura ou saisine* (thèse), Paris, 1899, in-8°, p. 224-236. — *Adde* : *Cout. de Toulouse* (13ᵉ siècle), 2ᵉ partie, tit. VII, art. 93 ; — *Très-ancien Cout. de Champagne et Brie*, art. 40; — *Coutume de Lorris* de 1494, xi, 6 [dans La Thaumassière, *Cout. locales de Berry*, Bourges, Toubeau, 1679, in-f°, p. 458]; — etc. La même solution était appliquée à la vente ; par suite, de deux acheteurs successifs, le premier nanti restait propriétaire [Pothier, *Traité du contrat de vente*, n° 319].

4. Cfr. Pothier, *Traité des donations entre vifs*, n⁰ˢ 79 et 80 ; — et Desjardins, *Recherches sur l'origine de la règle : Donner et retenir ne vaut*, dans la *Revue critique*, tome 33, 1868.

la Coutume de Paris et 283 de la Coutume d'Orléans[1] ; mais à l'époque où l'archevêque Géronce disputait aux moines de Déols la *cella* de Vouillon, il n'était pas encore question d'irrévocabilité pour la validité des donations entre vifs. Ce qu'on exigeait, c'était seulement la tradition des choses données. C'est donc bien là le sens originaire, aujourd'hui perdu, de la règle : « Donner et retenir ne vaut ».

1. Paris, art. 274 ; Orléans, art. 283 : « C'est donner et retenir, quand le donateur s'est réservé la puissance de disposer librement de la chose par lui donnée, ou qu'il demeure en possession jusqu'au jour de son décès. »

Imp. Fr. Simon, Rennes (3417-99).

www.ingramcontent.com/pod-product-compliance
Lightning Source LLC
LaVergne TN
LVHW022257030726
842520LV00009B/2986